EL INTERESANTE MUNDO DE LAS SERPIENTES

CARA A CARA CON LAS SERPIENTES

Lynn M. Stone

Traducido por Aída E. Marcuse

The Rourke Book Company, Inc.
Vero Beach, Florida 32964

DERECHOS DE LAS FOTOGRAFÍAS
© J.H. Pete Carmichael: p. 4, 9; © Lynn M. Stone: cubierta, página de título, p. 7, 13, 14, 18, 21; © Joe McDonald: p. 10, 16; Marty Snyderman: p. 19

SERVICIOS EDITORIALES
Penworthy Learning Systems

Catalogado en la Biblioteca del Congreso bajo:

Stone, Lynn M.
El interesante mundo de las serpientes/ Lynn M. Stone
p. cm. – (Cara a cara con las serpientes)
Resumen: Describe el aspecto físico, hábitat, y comportamiento de varios tipos de serpientes comunes.
ISBN 1-55916-335-6
1. Serpientes – Literatura juvenil. [1. Serpientes. 2.Animales predadores] I. Título

QL666.06 SB7563 2000
597.96-dc21   00-025033

1-55916-335-6

Impreso en EE.UU.

SUMARIO

¿QUÉ ES UNA SERPIENTE?

Las serpientes son animales sin patas, largos y delgados. Las más grandes miden hasta 30 pies (9 metros) de largo. Las más pequeñas, sólo seis pulgadas (15 centímetros).

Muchas se parecen a fustas, cuerdas, o cintas de colores brillantes.

Las serpientes pertenecen a la familia de los **reptiles**. Los caimanes, cocodrilos, tortugas y lagartos también son reptiles.

La sangre de los reptiles es fría. Estos animales dependen de la temperatura ambiente para sentirse bien. Si hace frío, una serpiente se acuesta al sol para calentarse. Cuando hace calor, repta hasta un lugar sombreado para refrescarse.

La serpiente ciega de Brahminy, del sureste de Asia es la serpiente más pequeña del mundo.

La temperatura de un animal de sangre caliente es controlada desde adentro del cuerpo. Los pájaros y los **mamíferos**, como nosotros, tienen sangre caliente.

Entre los reptiles, los parientes más cercanos de las serpientes son los lagartos. Pero la mayoría tiene cuatro patas, en vez de ninguna. Los lagartos tienen párpados movibles y orejas. Los cráneos y las **escamas** de las serpientes y los lagartos también son distintos.

Todos los reptiles están cubiertos por escamas de distintos tamaños, parecidas a una pequeña y delgada teja.

Esta culebra verde está toda cubierta de escamas secas con bordes ásperos. Es una de las varias especies de serpientes que viven en árboles y arbustos.

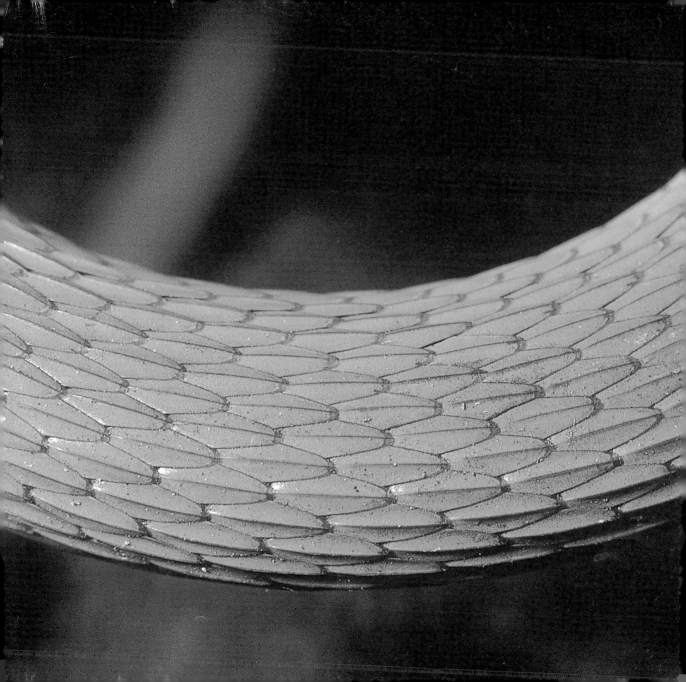

EL CUERPO DE UNA SERPIENTE

Las escamas de las serpientes son secas, y pueden ser lisas o ásperas. Las escamas del vientre se llaman **escutiformes**. Otro tipo de escamas, transparentes, les cubren y protegen los ojos.

El cuerpo de una serpiente es sorprendentemente flexible. Puede torcerse y retorcerse como un alambre. Cuando se enrollan sobre sí mismas, hasta se parecen a un rollo de alambre.

Las serpientes son flexibles porque su esqueleto se dobla fácilmente, sin romperse. En la espina dorsal, una serpiente puede tener hasta 430 **vértebras**.

La pitón bola nos muestra cuán flexible puede ser el esqueleto de una serpiente. La pose defensiva, en forma de pelota, le permite defender la cabeza si se topa con predadores.

Los huesos y los órganos de la serpiente, como los pulmones, están protegidos por la piel.

De vez en cuando, una serpiente cambia de piel. Tú también cambias partes de tu piel después de una quemadura de sol. Pero cuando ésta envejece y se desgasta, una serpiente cambia toda la piel a la vez. Para hacerlo, se abre la piel frotándose contra una roca o un árbol. Después, sale de la piel vieja como una mano que se saca un guante.

Una víbora de cascabel diamantada
abandona su piel vieja.

LAS DISTINTAS CLASES DE SERPIENTES

Generalmente las serpientes se dividen en dos clases: aquellas cuya mordedura es ponzoñosa y las que cuando muerden son inofensivas.

A los **herpetólogos**, los científicos que estudian las serpientes, no les gusta esa clasificación.

"Ponzoña" puede ser cualquier sustancia tóxica. Los herpetólogos prefieren llamarlas **venenosas** o **inofensivas**. El veneno es una ponzoña especial que producen algunas serpientes y otros animales. Como otros tóxicos, puede hacer daño y hasta matar a sus víctimas.

Algunas serpientes, como esta serpiente de pestaña de América Central, son expertas en cazar desde las ramas de los árboles. Generalmente cazan por la noche.

Los herpetólogos no dividen en dos grupos las casi tres mil especies de serpientes que hay en el mundo, sino en doce.

Hay cuatro grupos de serpientes venenosas, porque las distintas clases de serpientes venenosas fabrican venenos distintos. Además, estas serpientes utilizan métodos diferentes para morder a su presa e inyectarle veneno.

Los científicos que clasifican a las serpientes prestan especial atención al esqueleto y los dientes que tienen. Los dientes de una cascabel venenosa son distintos a los de la de coral, o coralillo, que también es venenosa.

Las serpientes venenosas de América del Norte, incluyendo esta gamarilla o zolcuate, son todas víboras, salvo las coralillo. Las serpientes de coral pertenecen al grupo de los elápidos.

En el cráneo de una cobra real se ven bien los colmillos cortos e inamovibles, que poseen las cobras y otros miembros de la familia de los elápidos.

Algunas poseen minúsculos huesos de patas en el esqueleto, pese a que no las tienen. Estas serpientes pertenecen a una familia especial.

En otro grupo, las serpientes son prácticamente ciegas. Parecidas a gusanos, pasan la mayor parte de su vida bajo tierra.

Las boas, las pitones y las anacondas se agrupan juntas; pero no por su gran tamaño. En realidad, no todas las boas y las pitones son enormes. Pero todas tienen la forma del cuerpo parecida y matan a sus presas de la misma manera.

La mayoría de las serpientes del mundo, o **especies**, pertenecen a la familia llamada **colúbridos**. También se llaman serpientes "típicas". Más de dos mil especies, incluyendo las serpientes de América del Norte, son colúbridos.

Todas las serpientes venenosas de América del Norte, excepto la de coral o coralillo, pertenecen a la familia de las **víboras**.

Las boas y las pitones, como esta pitón asiática, pertenecen a un grupo
de serpientes no venenosas.

Las serpientes marinas son un grupo de serpientes venenosas parientas cercanas de las cobras, mambas, serpientes de coral y las víboras kraits. Pero algunos científicos las clasifican como una familia de serpientes distinta.

DÓNDE VIVEN LAS SERPIENTES

Las serpientes viven en la tierra, en el mar, bajo tierra, y en los árboles. No pueden correr ni volar. Pero se las arreglan bien para arrastrarse y para nadar.

Las serpientes no pueden vivir en lugares donde el suelo está congelado todo el año. Por eso no las hay en el Círculo Ártico, o en la Antártica. Muchas islas tampoco tienen serpientes.

En América del Norte, hay serpientes en todas partes, menos en las zonas más frías de Alaska y Canadá.

La mayoría de las especies de serpientes del mundo son las "típicas" llamadas colúbridos, como esta lampropeltis escarlata de Florida.

GLOSARIO

colúbrido (co-lú-bri-do) cualquier miembro de esta familia compuesta por varios cientos de serpientes"típicas", como la ratonera, la lampropeltis y la culebra de Estados Unidos

escama (es-ca-ma) pequeña placa delgada que cubre la piel de ciertos animales, como las serpientes

escutiforme (es-cu-ti-for-me) que tiene forma de escudo

herpetólogo (her-=pe-tó-lo-go) científico que estudia los reptiles y/o los anfibios

inofensiva (i-no-fen-si-va) se dice de una serpiente que no produce veneno, una clase especial de ponzoña

mamífero (ma-mí-fe-ro) grupo de animales de sangre caliente y piel peluda, cuyas crías se alimentan con la leche de la madre

reptiles (rep-ti-les) grupo de animales de sangre fría, que tienen espina dorsal, escamas y, en la mayoría de los casos, cuatro patas

venenosa (ve-ne-no-sa) se dice de la serpiente que produce veneno, un tóxico

vértebras (vér-te-bras) los huesos individuales que, juntos, forman la espina dorsal

víbora (ví-bo-ra) cualquier miembro de la familia de serpientes venenosas, que tiene largos colmillos delanteros que pueden desplegarse y replegarse en el paladar

LECTURAS RECOMENDADAS

Si quieres saber más sobre serpientes, estos libros pueden serte de ayuda:

Greer, Dr. Allen. **Reptiles**, Time Life, 1996

McCarthy, Colin. **Reptile**. Alfred Knopf, 1991

Schnieper, Claudia. **Snakes, Silent Hunters**. Carolrhoda, 1995

Simon, Seymor. **Snakes**. Harper Collins, 1994

INDICE